KB066987

베이비붐 세대
3無
사업
창업하기

베이비붐 세대 3無 사업 창업하기

점포, 사업자금, 종업원이 필요 없다!

이영권 지음

머리말

세대 간의 개성이나 특징이 그 어느 때보다 선명하게 드러나는 요즘 베이비붐 세대를 생각하면 괜히 마음이 짠합니다. 어려운 시절을 보내던 부모님 밑에서 성장하느라 덩달아 악착같이 살아야 했으니까요. 오늘날의 젊은이들이 취업 때문에 고통을 겪는 것은 사실이지만, 생각해보면 베이비붐 세대가 젊은 시절에 겪은 고통도 만만치 않습니다. 그땐 아예 취업할 기업이 손가락으로 꼽을 정도밖에 없었지요. 지금은 마음에 드는 회사를 찾느라 그런다지만, 베이비붐 세대는 맘에 들고 자시고 할 것이 없었습니다.

그런 상황에서도 베이비붐 세대는 국내외를 가리지 않고 밤낮으로 뛰어 한국 경제의 초석을 닦았습니다. 이젠 그들이 설 땅이 점점 좁아지고 있습니다. 그 현상을 다소 억울해하는 사람도 있겠지만 어찌 보면 새로운 도전 기회라고 할 수 있습니다. 인생 2모작을 시작할 기회 말입니다.

최근 <CBS 노컷뉴스>에서 흥미로운 연재기사를 실었는데, 그 타이틀이 마음에 와 닿습니다.

20대, '답'이 없다.

30대, '집'이 없다.

40대, '나'는 없다.

50대, '일'이 없다.

60대, '낙'이 없다.

20대, 30대, 40대는 패스하고 50대, 60대를 보십시오. 정말 우울합니다. 사실 베이비붐 세대는 비록 몸은 삭고 여기저기 쑤시지만 의지만큼은 젊은이 못지않습니다. 그러니 방법을 찾아야지요. 환경, 사회, 국가를 원망하자면 한도 끝도 없습니다. 인생 100세 시대에 앞으로 '일'도 '낙'도 없이 30년, 40년을 살 수는 없습니다.

문제는 돈도 없고 학벌도 약하고 경력도 미미한데다 건강도 그다지 자신하기 어렵다는 데 있습니다. 그런 분들이 어려움을 호소할 때마다 필자는 선진국에서 이미 사회적으로 검증된 네트워크 마케팅 사업에 관심을 가져보라고 권합니다. 사업자금, 출퇴근, 종업원 없이 사이드 잡이나 더블 잡으로 미래를 준비할 수 있는 대안이기 때문입니다. 단, 불법 피라미드 업체나 불법 다단계 회사가 세상을 어지럽히는 사례가 종종 발생하므로 정통 네트워크 마케팅 회사를 선택해야 합니다.

이 책은 어떻게 하면 정통과 불법을 가려내 올바른 선택을 할 수 있는지 알려줍니다. 일도 갖고 인생의 낙도 찾을 수 있도록 네트워크 마케팅 사업이 여러분을 도와줄 것입니다. 다른 세대와 달리 베이비붐 세대에게는 '강한 의지'라는 엄청난 자산이 있습니다. 그것만으로도 충분히 자기사업이 가능한 분야가 네트워크 마케팅 사업입니다.

여러분의 긍정적인 에너지가 네트워크 마케팅 사업에서 폭발적으로 되살아나길 기원합니다.

2013년 가을 어느 날 새벽 서재에서

경영학박사 이영권

차례

제3장 함께 가는 성공 프로젝트 · 63

인생을 새롭게 출발할 창업 기회

인생을 새롭게 출발할 창업 기회

제1장

뭔가 새로운 일을 시작하려 할 때 가장 염두에 둬야 할 것은 '내가 딛고 있는 현실'입니다. 풍족한 의식주를 누릴 만큼 노후설계를 잘 해놨다면 뭐가 걱정이겠습니까? 그냥 누리면 그만이지요. 그러나 놀기만 하면서 여생을 보낼 수는 없습니다. '노는 것도 한때'라는 말이 괜히 있는 게 아닙니다.

문제는 베이비붐 세대 중에 부모 봉양하고 자식 기르느라 노후 대비를 못한 사람이 많다는 데 있습니다. 그들은 여생을 어떻게 살아내야 할까요? 아예 10년 전으로 돌아가거나 10년 후로 패스하고 싶을지도 모릅니다. 인생의 고된 시기에 그보다 더 고된 환경을 만나 앞길이 막막하니까요. 하지만 인생에는 후퇴도 없고 패스도 없습니다.

그럼 우리의 현실을 돌아보고 그 대안을 모색해봅시다. 방법이 아예 없는 건 아닙니다.

1. 조그만 가게라도 해볼까?

대한민국이 한창 성장기의 주춧돌을 놓을 때 산업현장에서 가장 열심히 일하며 치열하게 경쟁해온 베이비붐 세대. 그들의 노고를 과소평가하는 사람은 아마 없을 것입니다. 그런데 거친 세월을 온몸으로 견뎌내며 살아온 인생만큼이나 그들의 노후는 불안정하고 책임은 여전히 무겁습니다. 나이로 치면 하늘의 뜻을 안다는 지천명(知天命)에 이르렀지만, 하늘의 뜻이 무언지도 모른 채 직장과 사회에서 속절없이 3, 40대에게 밀려날 뿐입니다.

앞만 보고 정신없이 달려왔는데 뭐가 잘못된 것인지 마음 편히 나이들 수도 없습니다. 굵은 땀방울을 흘리며 손마디에 굳은살이 박이도록 일해 애지중지 키운 자식세대가 학교를 졸업하고도 제자리를 찾지 못하고 있기 때문입니다. 자식을 키우느라 요즘의 영악한 30대처럼 노후를 대비할 생각은 하지도 못했습니다. 나이를 먹고 사회의 언저리로 밀려나고 보니 마음만 답답할 뿐인데 대체 무얼 해서 남은 인생을 살아내야 할까요? 노후에 보탬이 될 거라 기대한 자식은 의지력으로 보나 일을 대하는 마인드로 보나 나이든 부모만 못합니다.

부모님은 연로하고 자식은 여전히 독립하지 못한 상태에서 베이비붐 세대가 가장 많이 염두에 두는 것은 뭘까요? 바로 자영업입니다. 대개는 퇴직금이나 그동안 허리띠 졸라매고 악착같이 모아둔 돈을 만지작거리며 '조그만 가게라도 해볼까' 하는 생각을 합니다. 달랑 하나밖에 없는 집을 담보로 해서 돈을 빌려볼 궁리도 합니다.

여기서 잠깐! 구멍가게도 사업은 사업이고, 사업이란 인생을 거는 일입니다. 모든 것이 내 책임 아래 돌아가니까요. 그러므로 신중해야 합니다. 사업에서 성공과 실패의 확률은 절대 반반이 아닙니다. 실패가 80~90퍼센트 이상을 차지합니다. '해볼까' 정도의 마인드로는 절대 달려들지 마십시오. 자칫 자영업의 함정에 빠지면 노후를 통째로 날려버릴 수도 있습니다.

여러분은 대한민국의 자영업자가 떠안고 있는 현실을 얼마나 알고 있습니까?

2. 출구를 찾기 힘든 자영업 생태계

거리에 빼곡히 들어찬 숱한 오프라인 매장이 모두 자영업입니다. 요즘엔 빈 점포도 적지 않게 눈에 띄고, 며칠 사이에 불쑥 새 점포가 눈에 들어오는 일이 다반사입니다. 그 이유는 통계치가 잘 보여줍니다. 2013년 7월 현재 자영업자 수는 575만 명으로 2012년의 같은 달보다 11만 3,000명(-1.9퍼센트)이 줄었습니다. 이런, 가게는 계속 들어서고 있는데 이건 무얼 의미하는 걸까요?

그 내막은 이렇습니다. 경기가 가라앉아 가게를 열어도 돈을 벌 자신이 없는 3, 40대가 창업을 포기하고 있습니다. 반면 장사가 되든 말든 먹고살 다른 방도가 없는 50대 이상은 꾸준히 가게를 엽니다. 실제로 자영업자 비중은 60세 이상이 가장 많고 그다음은 50대, 40대, 30대 순으로 이어집니다. 젊으면 재취업 자리라도 뚫어보겠지만 50대에 이르면 그게 여의치 않습니다. 더구나 베이비붐 세대는 고정관념이 강해서 직장생활과 장사 이외에는 먹고살 길이 없다고 생각합니다.

여기서 미리 한마디만 해둔다면 다른 길도 있습니다! 다만 여러분이 한쪽만 바라보고 있을 뿐입니다. 모두가 당연시하는 길, 모두가 가는 길에는 사람이 너무 붐벼 기회가 적습니다. 반면, 새로운 길에는 기회가 아주 풍부합니다.

어쨌든 대한민국의 전체 가구 중 베이비부머 가구가 22.7퍼센트인데, 자영업자 중에서 베이비부머 가구주는 전체의 약 30퍼센트에 달합니다. 베이비부머 가구가 자영업에 굉장히 많이 참여하고 있는 셈입니다.

이들은 창업에 얼마를 투자할까요? 조사 결과에 따르면 평균 창업자금은 6,000만 원입니다. 하지만 '평균'이라는 일반화에 속지 마십시오. 6,000만 원으로 창업할 수 있는 업종은 별로 없습니다. 그건 그저 지방과 수도권을 통틀어 계산한 평균치일 뿐입니다. 더구나 가까스로 창업한 자영업자 중 많은 이들이 자금 부족에 허덕이고 있습니다. 그만큼 사업이 어렵습니다.

여기에는 몇 가지 이유가 있습니다. 일단 베이비붐 세

대의 은퇴와 미취업 청년층을 중심으로 창업 열풍이 한창입니다. 그러니 동업종간 출혈 경쟁은 당연합니다. 여기에다 장기적인 경기 부진으로 월 100만 원의 수익도 내지 못하는 자영업자가 전체의 57퍼센트를 차지합니다. 자영업의 생태계는 이미 '사업 부진 → 부채 증가 → 폐업 → 신규 진입 → 과잉 경쟁'의 악순환 구조에 빠져 있습니다. 그럼에도 베이비붐 세대는 여전히 그 살벌한 자영업 세계를 기웃거리고 있습니다.

이들 중 절반 이상이 도소매업, 부동산임대업, 숙박업, 음식업 등을 고려합니다. 이러한 업종에 이미 170만 명 이상이 몰려 레드오션 중에서도 오리지널 레드오션에 속하는데도 말입니다. 여기에 새로 뛰어든 사업자의 3년 생존율은 29.1퍼센트로 전체 산업 중 가장 낮습니다.

그럼 재취업 시장은 어떨까요? 눈높이를 낮추면 입에 맞는 일자리가 선뜻 앞에 나타날까요?

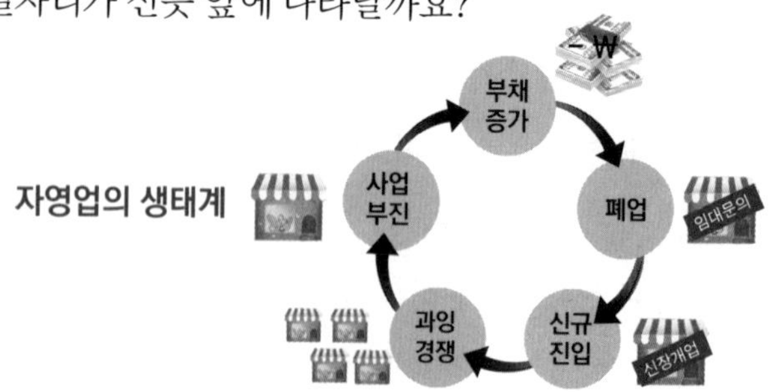

3. 진을 쏙 빼내는 직장 문화

직장인은 직장에서 '병'과 '약'을 동시에 받습니다. 병이 나도록 뼈 빠지게 일을 해야 약을 사먹을 돈이 나오는 꼴이지요. 그걸 증명하듯 요즘 피로를 풀어준다는 약이나 에너지 음료 시장이 쑥쑥 크고 있습니다. 직장에서는 말이 필요 없습니다. 실적이 전부입니다. 등골을 빼먹는 규칙과 규정, 할당량은 왜 그리도 많은지요. 대개는 산더미 같은 일에 치여 제시간에 퇴근하기가 어렵습니다. 어쩌다 제 시간에 끝나는 날에는 이런저런 회식에 끌려 다녀야 합니다. 왕따를 당하지 않으려면 그런 모임에 꼬박꼬박 참석해야 하지요.

흔히 '죽도록 일한다'는 말을 하는데 이것이 말로만 그런 게 아닙니다. 연구 결과 '죽도록' 일하면 실제로 죽을 확률이 높아진다는 사실이 밝혀졌습니다. 핀란드의 한 연구 논문이 10년 이상 추적 연구한 끝에 만성적인 에너지

소진 현상이 사망률을 높인다는 사실을 알아낸 것입니다. 오랫동안 죽어라고 일하면 건강이 나빠지는 것은 물론 일찍 죽을 수도 있다는 얘기입니다.

그렇다면 직장에 들어가 정해진 규칙을 따르는 것이나 할당량을 채우려 기를 써야 하는 현실을 다시 한 번 생각해봐야 합니다. '살자'고 일하는 것인데 그게 '죽자'가 되어버리면 곤란하지 않겠습니까? 특히 나이가 들어 재취업을 하는 경우라면 더욱더 노동의 질을 고려해야 합니다. 지천명에 이르면 대개는 몸의 어딘가가 고장이 나 있게 마련입니다. 그걸 참아가면서 일을 하면 머지않아 큰코다치고 맙니다.

실적 압박을 느끼는 일, 정신적으로 소외감을 주는 일, 만족감이 없는 일, 그저 먹고살기 위해 하는 일은 평소보다 에너지를 더 많이 잡아먹습니다. 병 주고 약 주는 일이 아닌 다른 방법을 찾아야 합니다. 고정관념을 버리면 시간을 자유롭게 활용하면서도 그동안 쌓아온 풍부한 인맥을 충분히 활용할 수 있는 일이 있습니다.

그래도 어떻게 해서든 재취업을 하고 싶습니까? 안됐지만 그건 동아줄이 바늘귀를 통과하는 것만큼이나 어려운 일입니다. 왜냐하면 일자리가 없기 때문입니다. 무슨 근거로 그렇게 단정하느냐고요? 실제로 일자리가 없습니다. 대한민국이 제조업 강국인 것은 맞습니다. 기업들은 수출로 돈을 많이 벌고 있지요. 그러나 아무리 기업이 흥해도 그것이 일자리 창출로 이어지지는 않습니다. 사람을 많이 쓰지 않아도 좋을 만큼 기술이 발달했고 또 해외에 나가면 싸구려 인력이 넘쳐나니까요.

4. 일자리가 다 어디로 갔지?

예전에 흔하던 우리의 일자리는 기계와 해외의 값싼 인력이 다 점령했습니다. 기업은 수출을 잘해 돈을 많이 벌어도 이런저런 핑계를 대며 국내에 투자하지 않고 돈을 쌓아둡니다. 그러다가 필요하면 해외의 값싼 인력을 찾아 그곳에 투자하지요.

다음의 표를 보십시오. 비록 저성장기에 들어서긴 했어도 대한민국이 계속해서 성장을 이뤄왔다는 것은 다들 아는 사실입니다. 그러나 경제가 성장해도 고용은 늘지 않았습니다. 일단 '수출' 쪽을 보면 국내 기업이 해외에 엄청난 물건을 팔았음에도 취업유발계수는 해마다 줄어들었지요.

수출로 먹고사는 한국의 경우 수출이 늘어나면 취업률이 확 늘어나야 하지만 2011년 수출의 취업유발계수는 7.3명에 그쳤습니다. 2005년의 10.8명보다 3.5명이나 줄

취업유발계수

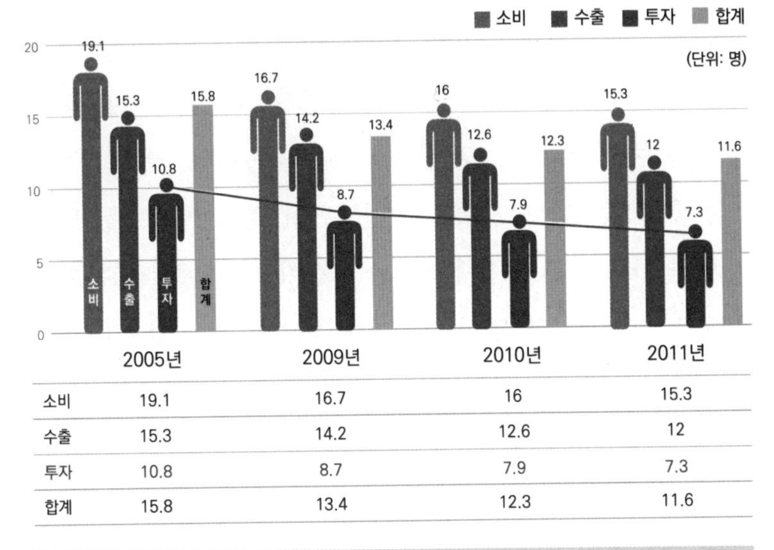

	2005년	2009년	2010년	2011년
소비	19.1	16.7	16	15.3
수출	15.3	14.2	12.6	12
투자	10.8	8.7	7.9	7.3
합계	15.8	13.4	12.3	11.6

* 취업유발계수: 해당 부문에 10억 원의 추가 수요가 생길 때 직·간접적으로 유발되는 취업자 수

〈자료: 한국은행〉

어든 겁니다. 취업유발계수란 해당 부문에 10억 원의 추가 수요가 생길 때 직간접적으로 유발되는 취업자 수를 말합니다. 2005년에는 수출이 10억 원 늘어날 때 약 11명이 새로 일자리를 얻었지만, 이제는 수출이 10억 원 늘어나도 일자리가 7개 밖에 생기지 않습니다.

왜 이런 일이 벌어지는 걸까요?

가장 큰 이유는 주력 수출산업의 생산 과정에 기계가 많이 투입되고 해외인력 고용이 많기 때문입니다. 스마트폰의 경우 취업유발계수가 6.1명입니다. 자동차를 비롯한 수송 장비업도 6.8명에 지나지 않습니다. 국내의 한 유통업체는 '발주 – 재고 – 진열관리' 통합 시스템을 도입한 이후 상품 발주에 걸리는 시간이 2시간에서 10분으로 단축됐습니다. 전산 시스템의 힘이 이 정도입니다. 그러면 발주를 담당하던 직원은 어떻게 됐을까요? 그들 중 20~30퍼센트가 해고됐습니다.

특히 정보기술(IT)이나 자동차처럼 자본을 많이 투입하는 수출 기업은 발전 속도가 빠르고 해외투자가 많아 이런 현상이 가속화하고 있습니다. 현재 스마트폰의 해외생산 비중은 80퍼센트에 달합니다. 자동차 업체의 해외 생산분도 60퍼센트를 넘습니다.

일자리가 줄어들면 국민소득은 어떻게 될까요? 당연히 줄어듭니다. 실제로 기업 소득이 연평균 10.5퍼센트 증가할 때, 가계 소득은 5.8퍼센트 늘어났습니다. 이는 기업의 생산성은 높아졌어도 가계는 경제성장의 혜택을 누리지 못하고 있음을 의미합니다.

주요 산업별 취업유발계수를 보면 우리의 현실이 더욱 실감납니다. 한국은행이 발표한 2005년 자료를 보면 음식점과 숙박업이 무려 37.8명에 달하고 도소매가 30.4명입니다. 반면 전기전자와 수송 장비는 각각 8.3명과 9.9명에 불과합니다. 그땐 그나마 자영업이 버텨주었다는 얘기입니다. 지금은 자영업 시장에 한파가 몰아치고 있습니다.

5. 현실과 맞지 않는 숫자놀음

980조 원 vs 1,159조 원

이 수치는 무얼 의미할까요?

하나는 가계신용을 기준으로 한 가계부채고, 다른 하나는 개인부채를 기준으로 한 가계부채입니다. 사실 개인부채로 볼 때 한국은 이미 2010년 말에 가계부채가 1,000조 원을 돌파했습니다. 2012년을 기준으로 가계신용은 963조 8,000억 원, 개인부채는 1,158조 8,000억 원으로 두 지표의 차이가 195조 원에 달합니다.

왜 이런 숫자놀음이 등장한 걸까요? 눈 가리고 아웅 하기 위해서입니다. 현실적으로 베이비붐 세대가 퇴직하면서 이들이 자영업에 진출하는 비율이 늘고 있습니다. 덩달아 자영업 부채 총액도 늘고 있지요. 그러다 보니 가계부채의 심각성이 몹시 깊어졌습니다. 그러자 정부는 숫자를 줄이기 위해 간단하게 가계부채의 기준을 가계신용 지표로 바꿨습니다. 아직 심각한 수준은 아니라고 하는 말은 이러한 숫자놀음에서 나온 겁니다.

우리나라 정부는 툭하면 해외 사례를 들먹이는데, 그러면 경제협력개발기구(OECD)가 국제 비교를 위해 가계부채의 기준으로 권하는 자금순환표상의 '개인부채'는 어떨까요? 여기에는 분명 가계신용에 자영업자와 비영리단체의 부채 등이 포함됩니다. 그러나 우리나라 정부는 자영업자와 비영리단체의 부채를 쏙 빼놓고 발표합니다.

아무리 숫자로 꼼수를 부려도 2013년 내에 가계부채가 1,000조 원에 이르리라는 것은 불을 보듯 빤한 일입니다.

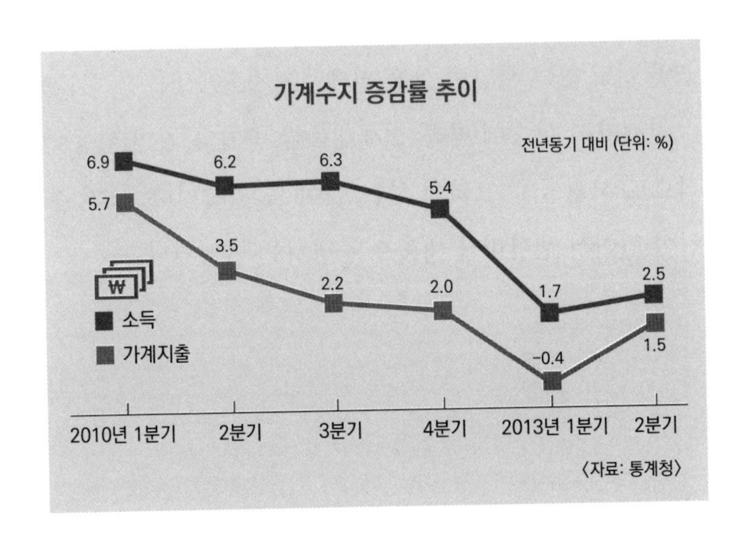

그야말로 벼랑 끝에 서 있는 사람들이 계속해서 늘어나고 있기 때문입니다. 현재 서민들의 허리를 가장 크게 짓누르는 것이 전세난입니다. 심지어 집값보다 전세금이 더 비싸다는 말이 나올 지경입니다. 전세를 찾는 사람은 많은데 매물은 없으니 당연한 일입니다. 그런데 정부가 내놓은 대책이라는 게 무엇입니까? 한마디로 이겁니다.

'돈 빌려줄게.'

근본적으로 매물의 수급을 조절하는 것이 아니라 돈을 빌려줄 테니 빚을 깔고 앉아 살라는 겁니다. 이건 그저 악순환의 고리일 뿐입니다. 일자리는 없고 경기가 가라앉아 수입은 쪼그라들고 있는데 빚을 내서 살아가자면 더 이상 조일 것도 없는 서민의 삶은 피폐해지지요.

전세가격 상승에 따른 전세대출금 증가와 거의 쌍둥이 격으로 사람들을 고되게 하는 것이 또 있습니다. 그건 수입이 없어서 생활비를 대출로 충당하는 현실입니다.

6. 벌어도 쓸 돈이 없다

'설마' 하는 사람이 있을지도 모르지만 기본적으로 먹고살 돈이 부족해서 허덕이는 사람이 꽤 많습니다. 전세난도 문제지만 이건 더 큰 문제입니다. 사람이 살아가자면 의식주가 안정되어야 합니다. 그중에서도 가장 중요한 것이 '식'인데 지금은 그 경중을 따지기 힘들 만큼 셋 다 문제로 떠오르고 있습니다.

사람들이 열심히 살지 않아서 그런 걸까요? 아닙니다. 다들 비지땀을 흘려가며 열심히 살아갑니다. 물론 일하고 싶어도 일이 없어서 못하는 경우도 있지요. 보다 근본적인 이유는 아무리 벌어도 써야 할 곳은 많고 쓸 돈은 갈수록 줄어든다는 데 있습니다. 실제로 소득은 거의 오르지 않았는데 이런저런 명목으로 뜯어가는 세금에다 고정적인 소비비용은 계속 늘어나고 있습니다.

언뜻 보기에 가계의 월평균 소비지출은 늘었습니다. 그

러나 여기에서 물가상승분을 빼면 실질소비는 오히려 줄어들었지요. 그럼 뭐가 늘어난 걸까요? 세금, 연금, 보험, 이자비용 등의 지출이 확 증가했습니다. 일단 국민연금기금이나 건강보험료가 올랐고 자동차세와 경상소득세 등의 세금도 올랐습니다. 열심히 일해서 벌어들인 돈 중 손도 못 대고 앉은자리에서 빼앗기는 돈이 늘었다는 얘기입니다.

우리가 일을 하는 이유는 돈을 벌어서 쓰고 싶은 곳, 써야 하는 곳에 쓰기 위해서입니다. 그게 아니라면 하루의 절반 이상을 쏟아 부으며 일에 매달리려 할 사람은 거의 없을 겁니다. 일이 미치도록 좋아서 일을 하는 사람이 아니라면 말입니다.

그런데 요즘은 돈을 벌어도 허당입니다. 내 손에 들어와 내 마음대로 처분할 수 있는 가처분소득이 계속해서 하락하고 있기 때문입니다. 손에 쥔 모래처럼 도무지 어디로 흘러나가는지도 모르게 돈이 줄줄 새어버립니다.

사람들은 외식비, 통신비, 식료품비, 의류비, 교통비, 사교육비 심지어 병원비까지 줄이며 안간힘을 쓰고 있지만 다른 한쪽에서 비소비지출(세금, 연금, 사회보험료)은 계속 늘고 있습니다. 다시 말해 이런저런 세금과 보험료에 치여 소비를 늘리기 어려운 상황입니다.

한동안 중산층 논란이 일기도 했지만 중산층의 턱걸이에도 가기 힘든 서민들은 압사당할 지경입니다. 한국개발연구원(KDI)에 따르면 1995년 국내 하위 10퍼센트의 월평균 실질소득은 75만 7,000원에서 2010년 67만 1,000원으로 감소했습니다. 같은 기간 상위 10퍼센트의 월평균 소득은 249만 4,000원에서 329만 원으로 31.9퍼센트(79만 6,000원) 증가했지요.

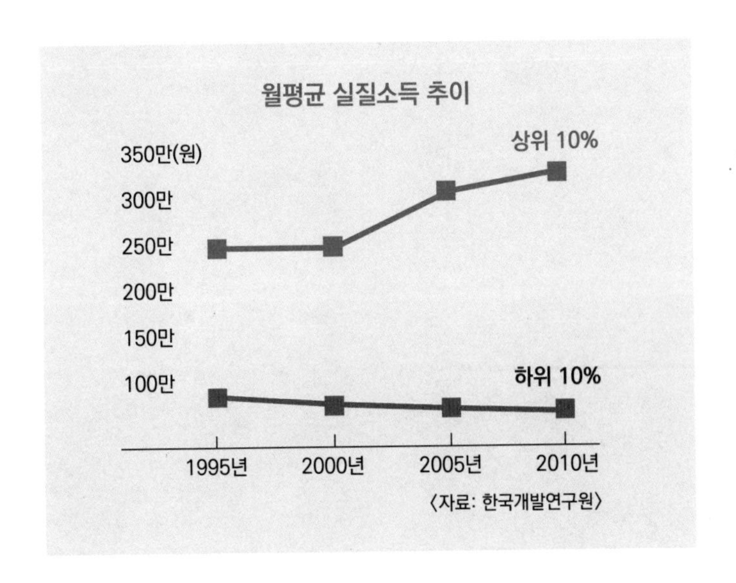

하위 10퍼센트의 소득이 줄어든 가장 큰 이유는 자영업 쇠퇴입니다. 이미 포화상태에 이른 자영업에 진입하는 사람이 꾸준히 늘면서 자영업자의 소득이 줄어든 것입니다. 그러면서 빈부격차가 더욱더 벌어졌습니다. 자영업 쇠퇴로 소득불평등이 확대되었다는 의미입니다.

그런데도 꼭 자영업에서 답을 찾아야겠습니까? 여전히 자영업 외에는 대안이 없다고 생각합니까? 돈은 벌어야 합니다. 당장 먹고살아야 하고 또 노후를 대비하기 위해서 말이지요. 한 살이라도 젊을 때 노후를 대비하지 않으면 지금의 노인들처럼 고된 노후를 보내야 하니까요.

7. 노인들은 어떻게 살고 있을까? 

혹시 '은퇴준비지수'라는 말을 들어보았습니까? 은퇴준비지수란 생활영역을 여가, 일, 가족과 친구, 주거, 마음의 안정, 재무, 건강으로 나눠 그 점수를 지수화한 것입니다. 2012년 3월 29일 삼성생명 은퇴연구소와 서울대 노년·은퇴설계 지원센터가 공동으로 '은퇴준비지수'를 발표했습니다. 그 점수가 궁금하지 않습니까? 100점 만점에 58.3점입니다.

이 수치가 얼마나 현실을 반영하고 있는지 모르겠지만 약간 미심쩍게 생각하는 사람도 있을 겁니다. 거의 60점에 가까울 정도로 노인들의 삶이 안정적으로 보이지 않기 때문입니다.

그럼 기분 좋게 금융자산 30억 원 이상을 갖고 있는 사람들은 노후를 어떻게 대비하는지 봅시다. KB금융지주연구소에 따르면 그들은 부동산 66.4퍼센트, 직·간접 투자

31.6퍼센트, 예·적금 31.4퍼센트, 사적연금 29.4퍼센트, 보험 22.4퍼센트, 공적연금 11.4퍼센트, 퇴직연금 3.3퍼센트 등의 순으로 노후를 준비한 것으로 나타났습니다. 부동산이 무려 70퍼센트에 육박합니다. 그렇다면 부동산에 그만한 가치가 있을까요?

부동산 하면 우리는 보통 집을 떠올리는데, 지금 집값이 만만치 않게 하락하고 있습니다. 그 원인이 어디에 있을까요? 간단합니다. 빚을 내서 집을 살 사람은 이미 다 샀고 이젠 집값을 감당하기 어려운 사람들만 남아 있기 때문입니다. 그래서 전세가가 60퍼센트를 넘어도 매매가 잘 이뤄지지 않는 겁니다. 실제로 55~60퍼센트에 달하는 국민에게 집을 살 여력이 없습니다.

사실 우리나라에는 집이 넘쳐납니다. 심지어 IMF를 겪고도 집이 두 배나 더 늘었습니다. 문제는 자산불평등이 OECD 국가 중 가장 빠른 속도로 진행되고 있다는 점입니다. 부(富)가 한쪽으로 쏠리면 집 없는 사람이 집을 사기란 더욱더 어려울 수밖에 없습니다. 더구나 주택의 수요 구조가 근본적으로 바뀌었습니다. 이건 일시적인 경기변동이 아니라 우리나라가 저성장기에 접어들었기 때문입니다.

그럼 노후를 대비하지 못해 나이가 들어서도 일을 해야 하는 사람들의 형편은 어떨까요?

그들에게 주어지는 일은 대개 경비원, 지하철 택배, 주차장 아르바이트 등입니다. 경비원으로 취직해 24시간 교대근무를 하는 노인이 한 달에 받는 돈은 100여 만 원입니다. 대개 복지는 고사하고 제대로 된 환경에서 밥을 먹는 사람도 드물 정도로 근무 여건이 열악합니다. 65세 이상은 공짜로 탈 수 있기 때문에 지하철 택배도 노인에게 일거리를 제공합니다. 하지만 노인들이 하루에 네다섯 건 일하고 한 달에 버는 돈은 60~70만 원입니다. 이 일은 육체적으로 너무 고단해 1년 이상 견디는 사람이 드물다고 합니다. 세차장에서 땀을 흘려가며 차를 닦는 사람들도 대개는 노인입니다. 소음과 먼지, 이리저리 튀는 물세례를 받아가며 꼬박 여섯 시간을 일해 한 달에 받는 돈은 60~70만 원입니다.

이런 일이라도 얻지 못하면 무얼 합니까? 알다시피 폐휴지를 줍습니다. 시간제 아르바이트를 하거나 길거리에서 물건 몇 개를 늘어놓고 장사를 하기도 하지요. 어떻게든 살아야 하니까요. 그렇다고 이들이 은퇴하기 전에 직장이 변변치 않았던 것은 아닙니다. 노후에 의욕적으로 일하는 사람들은 대개 젊은 시절에 번듯한 직장에서 열심히 일한 사람들입니다. 다만 자식 뒤치다꺼리를 하느라 퇴직금과 짬짬이 모아둔 돈을 모두 쓰는 바람에 노후대비가 안 되어 있는 것입니다.

60대, 70대가 일하는 비율은 우리나라가 선진국보다 월등히 높습니다. OECD 통계에 따르면 우리나라는 65세 이상 노인고용률이 28.9퍼센트로 OECD 국가 중 2위를 차지하며, 평균 12.3퍼센트보다 16.6퍼센트포인트 높습니다. 반면 우리나라의 65세 이상 노인의 공적연금 수급률은 32퍼센트에 불과합니다. 전체 노인의 67퍼센트에게 지급하는 기초노령연금도 1인당 8~9만 원으로 최저생활 보장 수준에 미치지 못합니다.

그러다 보니 우리나라의 노인빈곤율은 OECD 국가 중 1위입니다. 2011년 현재 노인 100명당 빈곤층이 무려 77명까지 늘어났습니다. 우리나라는 OECD 주요국 가운데 노인 계층에 대한 재정지출이 가장 적고, 자녀나 정부의 지원이 부족해 노인취업률이 2009년 36.7퍼센트에서 2013년 40.9퍼센트까지 치솟았습니다. 한마디로 노인들의 삶은 고달픕니다.

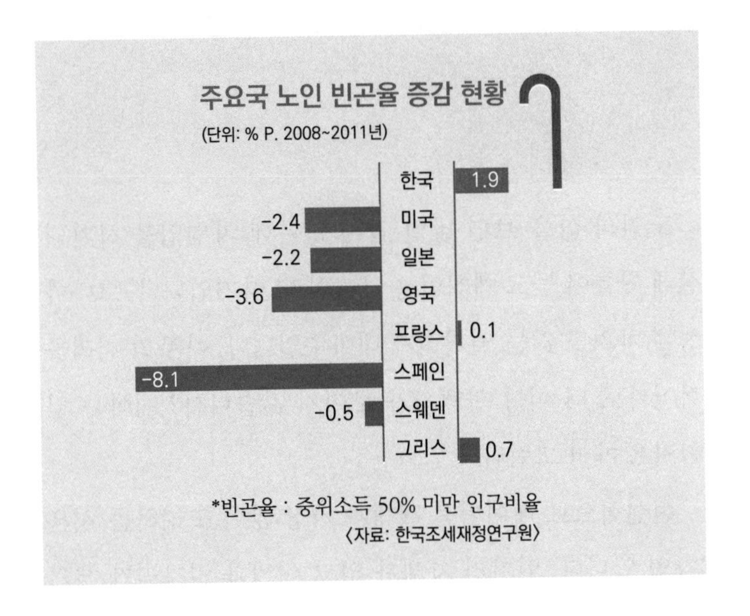

주요국 노인 빈곤율 증감 현황
(단위: % P. 2008~2011년)
한국
1.9
-2.4
미국
-2.2
일본
-3.6
영국
프랑스
0.1
-8.1
스페인
-0.5
스웨덴
그리스
0.7
*빈곤율 : 중위소득 50% 미만 인구비율
〈자료: 한국조세재정연구원〉

8. 가장 현실적인 대안

노인의 삶을 보면 남일 같지 않은데 자영업을 하자니 실패 확률이 높고 재취업은 하늘의 별 따기입니다. 그나마 성에 차지도 않는 일거리가 대다수입니다. 아무리 머리를 쥐어짜도 더 이상 선택지가 보이지 않습니까? 시야를 넓히지 않아서 그럽니다.

현실적으로 베이비붐 세대가 가장 많이 고려하는 것은 '창업'입니다. 일자리 자체가 없고 어쩌다 일자리가 생겨도 구미에 맞지 않기 때문입니다. 그렇다고 놀고먹을 수는 없으니 뭐라도 해볼 요량으로 따지다 보면 '장사라도 해볼까' 하는 생각이 들게 마련입니다.

그럼 자영업의 장단점을 생각해봅시다.

일단 내 사업이니 상사의 눈치를 볼 필요가 없어서 좋습니다. 딱 이거 하나 장점입니다. 반면 단점은 수두룩합니다. 자영업을 하자면 만만치 않은 돈을 투자해서 종업원을 고용해야 하고 주인이 하루 종일 매달려 일을 해야 합니다. 자유로울 것 같지만 실상은 완전히 그 반대입니다. 아침 일찍부터 저녁 늦게까지 일해야 하지요. 그리고 수시로 간판이 바뀌는 거리의 생태계가 보여주듯 실패 확률이 너무 높습니다.

자, 다시 생각해봅시다.

창업을 고려할 때 가장 큰 이점은 '내 사업'이라는 겁니다. 그렇다면 내 사업을 하면서 위험부담은 최소화하고 종업원이 필요 없으며, 하루 종일 매달리지 않아도 되는 일을 하는 것은 어떻습니까? 네트워크 마케팅 사업을 창업하십시오. 여기에는 여러분을 옭아매는 사업자금, 점포 임대, 종업원이 필요 없고 하루 종일 가게를 지킬 일도 없습니다.

장사를 하든 네트워크 마케팅 사업을 하든 고객에게 제품을 권해야 하는 것은 마찬가지입니다. 똑같은 일을 하면서 사업자금, 점포, 종업원이 필요 없고 내가 하고 싶은 시간에 자유롭게 일할 수 있다면 네트워크 마케팅 사업의 이점이 비교도 안 될 만큼 큰 것 아닙니까? 여기에다 네트워크 마케팅 사업에서는 탄탄한 인맥 구축이 가능하고, 내 네트워크를 자식에게 물려줄 수도 있습니다.

단, 한 가지만 주의하면 됩니다. 제대로 된 시스템을 갖춘 회사를 선택하는 겁니다. 워낙 많은 네트워크 마케팅 회사가 난립하다 보니 더러 쭉정이 같은 회사가 있기 때문입니다. 양질의 회사를 선택해 사업을 시작하면 자영업을 하는 것보다 월등히 좋은 조건 아래에서 일하고 싶을 때까지 일할 수 있습니다. 내가 사장이 되어 자유롭게 시간을 활용하면서 말입니다.

워낙 시스템이 좋아서 그런지 제대로 준비도 하지 않고 뛰어들어 네트워크 마케팅의 본질을 왜곡하는 회사도 많습니다. 그래서 많은 사람이 부정적인 이미지를 갖고 있는 것도 사실입니다. 그런 만큼 정보를 꼼꼼하게 확인해야 합니다. 흔히 남의 말 하기 좋아하는 사람들은 부정적인 말을 퍼트리지만, 그 내막을 뜯어보면 제대로 알고 떠드는 사람은 별로 없습니다. 일부 몰지각한 회사의 단면만 보고 판단력이 흐려져 양질의 회사까지 싸잡아 비난하는 것뿐입니다.

지금 여러분 앞에 새로운 기회가 있습니다. 여생을 사람들과 즐겁게 어울리면서 위험부담 없이 자유롭게 일할 수 있는 기회입니다. 일단 알아보십시오. 진실을 알아보고 양질의 회사를 선택한다면 네트워크 마케팅 사업은 분명 여러분에게 인생 2모작의 기회를 안겨줄 것입니다.

알고 보면 '착한' 네트워크 마케팅

알고 보면 '착한' 네트워크 마케팅

제2장

현실은 우울하지만 그래도 대안이 있다는 사실에 위안을 삼았으면 싶습니다. 여러분은 이미 이보다 더한 상황에서도 잘 헤쳐 나왔습니다. 여러분이 젊음을 불사르던 시절의 대한민국은 모든 면에서 참 열악했지요. 그러니 대안이 있는 지금의 상황에서라면 더욱 잘 해낼 수 있을 겁니다.

제2장의 내용은 그리 말랑말랑하지 않습니다. 어디까지나 사업을 설명하는 내용이니까요. 복잡한 것 제거하고 최대한 엑기스만 뽑아낸 것이니 다소 번거롭더라도 충분히 숙지하십시오. 우리가 수학 문제를 풀려면 먼저 공식을 외워야 합니다. 공식을 모르면 문제를 풀 수가 없지요. 마찬가지로 다음의 내용들을 정확히 인지하지 않으면 삼천포로 빠질 수도 있습니다.

안타깝게도 세상에는 선한 사람만 있는 게 아닙니다.

분명 네트워크 마케팅은 훌륭하고 모범이 될 만한 시스템이지만, 거기에 빌붙어 흉내만 내는 악덕업주도 있습니다. 그런 부류를 잘 골라내고 징검다리만 딛으려면 기본적인 지식이 있어야 합니다. 여러분이 물에 빠지지 않고 탄탄한 징검다리만 디딜 수 있도록 정보를 제공하겠습니다. 따라만 오십시오.

1. '정통'과 '불법'을 명확히 구분하는 기준점

'정통' 네트워크 마케팅 사업과 '불법' 네트워크를 구분하려면 그 분명한 기준점을 알아야 합니다. 정통 네트워크 마케팅은 다음의 특성을 지니고 있습니다.

'정통' 네트워크 마케팅 사업

- 고품질의 제품을 유통시키고 유통마진을 소비자에게 환원합니다.
- 네트워커(사업자)가 점포 없이 개인에게 제품을 판매하거나 중개 비즈니스에 참여하기를 권합니다.
- 개개인이 자신의 의지에 따라 제품을 구입합니다.
- 네트워크 마케팅은 중개를 포함해 방문판매를 동반하는 소비자 참여형 사업입니다.
- 네트워크 마케팅 방식의 정통 보상 시스템을 도입한 판매 사업입니다.

불법 네트워크의 특징을 살펴보면 다음과 같습니다.

'불법' 네트워크 마케팅 사업

- 저품질의 상품을 유통시킵니다.
- 회원 가입비를 받습니다.
- 점포 없는 개인이 물건을 대량으로 구입해 쌓아 놓습니다.
- 사업권을 준다는 명목으로 물건을 대량으로 확보하게 합니다.
- 정통 보상 시스템이 아닌 다른 방식으로 운영합니다.

위에 제시한 것 중 한 가지라도 정통 네트워크 마케팅의 특성에서 벗어난다면 그 사업은 불법일 가능성이 큽니다. 털끝만큼이라도 의혹이 있을 경우 사업 참여 및 지속성에 대해 충분히 검토해보기 바랍니다. '무대포' 정신은 내가 실수를 해도 주위에 별로 피해가 가지 않는 젊은 시절에나 통하는 얘기입니다. 중년기에 이른 여러분은 돌다리도 두드려 보고 건너는 자세로 사업에 임해야 합니다.

2. 실패 없는 회사 선택 가이드

달콤한 꿀 병의 뚜껑을 열어놓으면 동네의 온갖 파리들이 죄다 달려들지요. 마찬가지로 네트워크 마케팅 시스템의 가능성에 눈독을 들이는 많은 악덕업자가 무늬만 그럴싸하게 흉내를 내고 있습니다. 그들은 겉보기에는 네트워크 마케팅 회사와 다를 바 없지만, 그 내용을 뜯어보면 불법 다단계나 불법 피라미드인 경우가 굉장히 많습니다. 돈이 된다 싶으니까 네트워크 사업에 불법으로 뛰어들어 모방하긴 해도 그들이 정통 시스템을 따라 하기에는 한계가 있습니다.

이는 한국뿐 아니라 전 세계에서 공통적으로 나타나는 현상입니다. 따라서 바른 네트워크 마케팅 회사를 선별하는 것이 무척 중요합니다. 회사를 잘못 선택하면 아무리 애를 써도 기대하는 결과를 얻을 수 없습니다. 여러분이 선택하려는 회사가 다음의 의문에 부합하는지 반드시 확인하기 바랍니다.

✔ 정통 네트워크 마케팅 회사인가?

무늬만 네트워크 마케팅 회사인지 아닌지 확인해야 합니다. 이는 보통사람이 구분하기가 매우 어려우므로 전문가에게 확인 절차를 거치는 것이 좋습니다.

✔ 회사에 신용도가 있는가?

공인된 신용도가 있어야 그 회사를 신뢰할 수 있습니다. 각 회사가 제시하는 재무제표는 조작되거나 미화될 수도 있기 때문입니다.

✔ 회사가 합법적인 활동을 하고 있는가?

특수/직접판매 공제조합에 가입돼 있는지 확인해야 합니다. 단, 이곳에 가입되었다고 해서 모두 정통 네트워크 마케팅 회사는 아니므로 꼼꼼한 확인이 필요합니다.

✔ 회사의 제품에 경쟁력이 있는가?

이것은 비즈니스에서 무엇보다 중요한 조건입니다. 경

쟁력이 있는 제품을 지속적으로 출시하지 못하면 결국 망하기 때문입니다.

✔ 회사의 문화가 건전한가?

겉으로는 합법적인 네트워크 마케팅 회사지만 내부에서 물건을 강매하거나 억지로 떠안기는 분위기를 유도할 수도 있습니다. 이런 회사를 선택하면 네트워커가 피해를 보고 맙니다.

✔ 회사 경영진의 철학이 건전한가?

한 회사의 운명은 경영자의 철학에 따라 달라지므로 건전한 정신 아래 기업을 경영하는 경영진이 있는지 확인해야 합니다.

✔ 회사의 역사가 얼마나 되었는가?

신생회사라고 해서 나쁘다는 것은 아닙니다. 그렇지만 오랫동안 유지되어온 기업이라야 대를 이어 사업을 함께 하는 것이 가능합니다.

이러한 조건을 모두 충족시키는 회사가 바로 정통 네트워크 마케팅 회사입니다. 단 한 가지라도 미심쩍은 부분이 있다면 전문가와 충분한 상의를 거쳐 바른 네트워크 마케팅 회사를 선택해야 합니다. 흔히 '시작이 반'이라고 합니다. 이 말처럼 바른 회사를 선택하면 나머지 50퍼센트에만 심혈을 기울여도 100퍼센트 만족을 기대할 수 있습니다.

바른 회사를 선택한 다음, 딱 세 가지만 피하면 네트워크 마케팅 사업에서 절대 실패하지 않습니다.

피해야 할 태도

하나, 기초를 무시하고 너무 큰 것만 바라봅니다.

둘, 현장감 없이 막연하게 너무 쉽게만 생각합니다.

셋, 몸을 움직이지 않고 너무 머리로만 합니다.

3. 간단하고 쉬운 성공 원리

많은 사람들이 '네트워크 마케팅 사업에서는 어떻게 돈을 버는가'에 큰 관심을 보입니다. 정통 네트워크 마케팅 회사들이 수십 년간 지속적으로 성장해온 것을 보면 분명 '되는 집안' 같은데 그 원리를 모르겠다는 겁니다.

네트워크 마케팅 사업은 아주 단순하게 이뤄집니다.

1단계로 많은 소비자를 구축합니다. 소비자는 샘물 같은 역할을 하는 중요한 요소입니다.

2단계로 소비자 중에서 네트워커가 탄생합니다. 소비자의 소비와 네트워커의 중개가 활발해지면 자연스럽게 새로운 네트워커가 생깁니다.

3단계로 다양한 네트워커가 등장해 1단계와 2단계를 복제합니다. 복제란 똑같이 따라 하는 것을 의미합니다.

개미들은 여왕개미 한 마리에 백만 마리의 개미떼가 집단생활을 합니다. 개미 한 마리, 한 마리를 따로 떼어놓으면 약하지만 일단 뭉치면 그 그룹은 적이 없을 정도로 막강한 힘을 발휘합니다. 네트워크 마케팅 사업도 마찬가지입니다. 그래서 필자는 기회가 있을 때마다 네트워크 마케팅 사업은 '개인－그룹 사업(Individual-Group Business)'이라고 강조합니다. 이는 네트워크 마케팅이 개인사업인 동시에 그룹이 함께해야 성공 확률이 높은 사업이라는 의미입니다. 실제로 개개인의 네트워커가 뭉친 그룹은 마치 재즈를 연주하듯 다양하고도 의미 있는 화음을 냅니다.

필자가 네트워크 마케팅을 '개인－그룹 사업(Individual-Group Business)'라고 하는 이유는 다음과 같습니다.

첫째, 네트워커 한 사람의 힘은 미약하지만 그룹으로 뭉치면 그 힘이 폭발하듯 강해집니다.

둘째, 개인의 부족한 부분을 스폰서와 파트너 그리고 형제라인이 서로 보완해주는 힘은 다른 조직에서는 볼 수 없는 독특한 시스템입니다.

셋째, 그룹의 지원 없이 개인적으로 홀로 뛰어서 성공하는 데는 한계가 있지만, 네트워크 마케팅에서는 이 한계를 뛰어넘을 수 있습니다.

넷째, 자신의 에너지가 떨어졌을 때 그룹 구성원들의

움직임을 보면서 자극을 받고 힘을 얻을 수 있습니다.

다섯째, 자신이 못하는 부분을 형제라인이나 그룹 구성원, 스폰서 혹은 파트너가 유기적으로 도와줍니다.

네트워커로 성공하려면 기본적으로 바른 회사를 선택해야 합니다. 그 다음으로 성공의 촉매제로 작용하는 좋은 그룹에 소속되어야 합니다. 좋은 사람들과 함께하면 성공의 길을 걷는 것이 한결 수월해집니다.

개인-그룹 사업(Individual-Group Business)

4. 솔직하게 털어놓는 좋은 점과 아쉬운 점

네트워크 마케팅 사업은 크게 세 가지 이유로 선진국형 사업이라고 할 수 있습니다.

첫째, 선진국일수록 **유통에서 네트워크 마케팅이 차지하는 비율이 높습니다.** 둘째, 네트워크 마케팅은 **신용사회를 기반**으로 합니다. 셋째, 선진국일수록 **건강, 미용 제품에 대한 수요가 많습니다.**

따라서 선진국으로 가고 있는 한국에서 네트워크 마케팅의 성장 가능성은 매우 풍부하다고 할 수 있습니다.

그렇지만 네트워크 마케팅 사업에도 좋은 점과 아쉬운 점이 있습니다. 먼저 좋은 점을 살펴봅시다.

사업의 매력을 더해주는 좋은 점

● 일반적인 의미의 사업자금이 필요치 않습니다.

자기사업을 고려하는 사람에게 가장 큰 걸림돌은 '돈'입니다. 대개는 자녀 양육에다 먹고살기 바빠 사업을 할 만큼 충분한 돈을 모으지 못하기 때문입니다. 하지만 '3無' 사업인 네트워크 마케팅을 선택하면 사업자금을 걱정할 필요가 없습니다. 네트워크 마케팅은 점포 임대료와 인건비 등 별다른 자본금 없이 자기사업을 시작할 기회를 제공하니까요. 물론 사람들을 만나고 정보를 교류하다 보면 교통비나 찻값, 밥값 정도는 들어갑니다.

● 누구에게나 공평한 기회를 줍니다.

우리 주위에는 학벌, 경력, 인맥, 경험 콤플렉스에 시달리는 사람이 많습니다. 그 후진적인 문화 때문에 상처를 받는 사람이 정말 많지요. 그러나 네트워크 마케팅에서는 그것이 통하지 않습니다. 아무리 인맥이 창창하고 학벌이 좋아도 출발은 누구나 똑같습니다. 특혜 따위는 발붙일 틈이 없습니다. 학벌이나 경력이 없어서 그동안 기죽어 살던 사람에게도 똑같이 기회가 주어집니다. 문만 두드리면 네트워크 마케팅은 누구에게나 공평한 기회를 제공합니다.

● 시간을 자유롭게 사용할 수 있습니다.

분명히 말하지만 네트워크 마케팅은 자기사업입니다. 부업으로 하든 전업으로 하든 자기 마음입니다. 상사도 없고 타인의 스케줄에 맞춰 내 시간을 내줘야 하는 것도 아닙니다. 내가 주인인 사업이기 때문입니다. 네트워커는 모든 일을 자유롭게 결정할 수 있습니다.

● 평생 직업으로 삼을 수 있습니다.

네트워크 마케팅에는 '은퇴'와 '구조조정'이라는 말이 없습니다. 건강이 허락하는 한 내가 하고 싶은 순간까지 일할 수 있습니다. 일반직장에 다니면 어쩔 수 없이 은퇴해서 이후 30~40년을 일 없이 지내야 하지만, 네트워크 마케팅에서 일을 그만두는 것은 내 스스로 결정합니다.

● 네트워크 사업을 자녀에게 유산으로 물려줄 수 있습니다.

내가 사업을 하다가 사망하면 사업권이 자녀에게 자동

으로 승계됩니다. 자녀가 탄탄한 네트워크가 구축된 사업권을 넘겨받으면 매우 유리한 상황에서 사업을 진행할 수 있습니다. 일반 사업체와 마찬가지로 자신이 열심히 일군 네트워크를 자녀에게 물려주는 것은 커다란 이점입니다.

사업을 어렵게 만드는 아쉬운 점

어떤 사업에서든 아쉬운 점은 있게 마련입니다. 그렇지만 네트워크 마케팅은 아쉬운 점보다 좋은 점이 확실히 많은 사업기회입니다. 그런 의미에서 긍정적인 자세로 좋은 점을 우선시하고 아쉬운 점을 보완해 나가는 전략이 바람직합니다.

● 단기간 내에 큰돈을 벌기가 쉽지 않습니다.

네트워크 마케팅은 시스템 자체가 단계를 착실히 밟아가면서 토대를 쌓아 노력한 만큼 버는 구조로 되어 있습니다. 따라서 초보 네트워커가 단기간 내에 큰돈을 벌기는 쉽지 않습니다. 다시 말해 일반적인 사업에 손익분기점이 있는 것처럼 생각보다 수입이 적다 싶은 기간을 거치게 됩니다. 이는 처음부터 지나치게 높은 목표를 세우거나 욕심을 부리지 않는다면 쉽게 극복할 수 있는 문제입니다. 착실하게 시스템을 따른 덕분에 결국 목표를 달성한 사람들이 그것을 증명합니다.

●여전히 편견이 남아 있습니다.

초기의 시행착오에서 비롯된 좋지 않은 이미지에다 시스템을 악용하는 일부 악덕업자의 그릇된 행동 탓에 네트워크 마케팅에 대한 편견이 여전히 뿌리 뽑히지 않고 있습니다. 그러나 이런 문제가 네트워크 마케팅 사업에서만 발생하는 것은 아닙니다. 어떤 분야, 어떤 사업에서든 그릇된 행동을 하는 사람은 있게 마련입니다. 그러므로 정통과 불법을 구분해서 바라볼 필요가 있습니다.

●아끼고 사랑하는 사람들의 반발이 있을 수 있습니다.

사업을 할 때는 주위 사람들의 지원과 격려가 절실합니다. 그런데 네트워커는 네트워크 마케팅에 대한 부정적인 인식 탓에 우호적인 분위기 속에서 사업을 하기가 어렵습니다. 그것은 오해와 잘못된 정보에 따른 것이므로 충분한 의사소통으로 오해를 풀어야 합니다.

함께 가는 성공 프로젝트

함께 가는 성공 프로젝트

제3장

'나만 잘 먹고 잘살겠다'는 자세로는 네트워크 마케팅에서 오래 버티기가 어렵습니다. 네트워크 마케팅은 '나도 벌고 너도 벌고'의 자세가 필요한 사업입니다. 한마디로 함께 가야 합니다. 치열하게 경쟁하며 살아온 여러분에게 이런 시스템은 좀 낯설 수도 있습니다. 그래서 네트워크 마케팅이 선진국형 사업에 속하면서도 많은 오해를 받는 것입니다.

'다른 것'이 곧 '틀린 것'은 아닙니다. 포용력 있게 '다름'을 받아들이십시오. 새롭고 어색할 수도 있지만 또한 그렇기에 기회가 될 수 있는 것입니다. 늘 그 밥에 그 나물만 먹고살면 인생이 밍밍하지 않겠습니까? 인생은 적극적으로 살아야지 그냥 흘려보내서는 안 됩니다.

1. 이것만 지켜도 성공 확률 100%

네트워크 마케팅에서 성공하려면 꼭 지켜야 할 기본자세가 있습니다. 이것은 분명 인생과 노력을 투자해야 하는 '자기사업'입니다. 출퇴근시간, 사업자금, 종업원이 필요 없는 3無 사업이라고 해서 만만하게 봐서는 안 됩니다. 조건이 좋을수록 얕잡아보는 습성은 버려야 합니다. 오히려 좋은 기회를 제공받은 것에 감사하고 더 열심히 노력하는 것이 맞습니다.

다음에 제시하는 기본자세를 충분히 숙지하고 지키면 여러분은 100퍼센트 성공할 수 있습니다.

● 과거의 경력을 잊습니다.

네트워크 마케팅은 누구에게나 균등한 기회를 제공합니다. 학력이나 사회적 경력을 내세우며 '왕년에'라는 말을 입에 달고 살지 마십시오. 네트워크 마케팅은 혈연, 지연, 학벌에 전혀 구애받지 않고 모든 네트워커를 공평하게 대합니다.

● 새로운 환경에 빨리 순응합니다.

지금은 강한 자가 아니라 변화에 순응하는 자가 살아남는 세상입니다. 네트워크 마케팅이라는 새로운 세계에서 가장 빨리 성공하는 사람은 새로운 환경에 순응하는 사람입니다.

● 스폰서를 복제합니다.

네트워크 마케팅에는 오랜 시행착오를 거쳐 성공이 검증된 시스템이 있습니다. 그러므로 앞서 성공한 사람들의 발자취를 따라가면서 그들을 복제하는 것이 좋습니다. 자신이 발견한 새로운 방법이 훨씬 더 효과적일 거라는 착각은 버려야 합니다.

● 성공자의 성공 요소를 정확하게 분석합니다.

앞서 성공한 상위 스폰서의 성공 요소를 분석하고 그것을 모두 흡수해야 합니다. 그다음에는 거기에 새로운 성공 요소를 더해 시너지 효과를 내야 합니다. 늘 배우고 익히고 노력하는 사람에게는 신도 놀라서 운을 던져줍니다.

●몸과 머리를 동시에 씁니다.

독서와 CD 듣기로 머리를 채우고 몸을 열심히 움직여 세미나와 랠리에 참석합니다. 또 많은 사람을 만나 사업 가능성을 확장합니다.

●자신의 전략을 분명하게 수립합니다.

성공자의 출발 상황이나 여건이 여러분과 동일한 것은 아니므로 자신만의 성공 전략을 수립해야 합니다. 인정하기 싫지만 사람의 역량이나 생각에는 수준 차이라는 게 존재합니다. 그것을 넘어서는 전략을 세우는 일은 잘못된 것입니다.

●사업에 집중합니다.

사업에 올인해 자나 깨나 사업에 집중하는 사람은 꼭 성공합니다. 어쩌다 생각날 때만 사업을 하는 사람은 결코 성공할 수 없습니다. 네트워크 마케팅에는 대충주의가 발붙일 공간이 없습니다. 서로 밀어주고 이끌어주며 열심히 해야 합니다.

2. 제대로, 잘, 열심히

"우직하고 정직하게 나아가면 반드시 성취한다."

옛 선현의 말씀입니다. 마찬가지로 네트워크 마케팅 사업도 제대로(시스템), 잘(습관화), 열심히(꾸준하게) 해야 합니다. 제 편한 대로 필요한 부분만 선택해서 하면 성공 확률이 낮습니다. '대충'하면 대충한 만큼만 얻을 뿐입니다.

여기서 무엇보다 중요한 것이 성공 시스템입니다. 성공 시스템을 제대로 따라야 원하는 대로 성공할 수 있습니다. 그러면 **성공 시스템의 여덟 가지 요소**를 살펴봅시다.

목표 설정

목표는 현실에 근거를 둬야 하며 지나치게 이상적인 목표는 피하는 것이 좋습니다. 현실을 무시한 꿈은 그저 개꿈에 불과합니다. 현실과 동떨어진 목표를 세울 경우 몇 번 해보다가 지쳐서 자신감만 잃고 맙니다.

건강 관리

건강하다는 말에는 육체적 건강뿐 아니라 정신적 건강도 포함됩니다. 일단 건강해야 뭐든 해볼 수 있습니다. 심지어 몸이 전 재산인 사람도 있습니다. 가장 좋은 방법은 매일 꾸준히 적당한 운동을 하는 것입니다.

시간 관리

인생에는 재방송이 없습니다. 오늘 점심밥을 먹지 못하면 그 점심밥은 영원히 먹을 수 없습니다. 누구에게나 하루 24시간이 주어지지만 그걸 잘게 썰어 체계적으로 사용하는 사람은 마치 25시간, 아니 그 이상을 부여받은 것처럼 살아갑니다. 무엇보다 새벽시간, 점심시간, 저녁시간, 자투리시간, 주말을 잘 사용하고 있는지 확인해보기 바랍니다.

이미지 관리

'인상학'이라는 분야가 따로 있을 정도로 이미지 관리의 중요성은 갈수록 높아지고 있습니다. '인상'이 '인생'을 바꿀 수도 있기 때문입니다. 더러 "생긴 대로 살다가 가겠다"고 자조 섞인 푸념을 하는 사람도 있지만, 현재의 이미지가 맘에 들지 않는다면 바꿔야 합니다. 무엇보다 중요한 것은 심상(心相)을 바꾸는 일입니다. 마음의 상을 바꿔야 좋은 인상을 남길 수 있습니다. 심상을 바꾸려면 매일 자기 자신을 돌아보고 반성하는 시간을 갖는 것이 좋습니다.

재무 관리

인생의 풍요와 결핍을 쥐락펴락하는 돈은 삶의 필수 요소입니다. 이러한 돈을 잘 관리하려면 세 가지 과제를 연구해야 합니다. 첫째, 수입을 어떻게 더 늘릴 것인가. 둘째, 돈을 어떻게 효율적으로 쓸 것인가. 셋째, 쓰고 남은 돈을 미래를 위해 어떻게 잘 투자할 것인가. 우선 가계부부터 체계적으로 쓰면서 자신의 재정적 상황을 명확히 인식하려는 노력이 필요합니다.

인맥 관리

인맥은 휴먼 네트워킹 파워를 높이는 요소입니다. 성공에 중요한 영향을 미치는 인맥관리의 관건은 사람들과의 관계를 체계적으로 구축하는 데 있습니다. 인맥관리에서 가장 우선시해야 할 자세는 '세상 모든 사람을 보물'로 보는 것입니다. 또한 스스로 인격을 닦아 사람들이 주위에 모여들게 해야 합니다. 새롭게 만난 사람들과 72시간 내에 소통하는 것도 필요한 자세입니다. 하루에 세 사람 이상과 소통하는 습관 역시 중요한 성공 요소입니다.

멘토 관리

멘토란 쉽게 말하면 '내 인생의 내비게이션'이라고 할 수 있습니다. 한 치 앞도 알 수 없는 인생길을 안내해주는 내비게이션이 있다면 얼마나 편리하고 좋을까요? 멘토는 인생을 가장 효율적이고 보람 있게 살아가도록 이끌어줍니다.

사회 공헌

만약 사회가 존재하지 않는다면 우리가 사회생활을 통해 거둬들이는 열매도 없을 것입니다. 그러므로 내가 거둬들인 것의 일부를 사회로 돌려보내는 연습을 해야 합니다. 재능 기부, 신체적 봉사, 물질적 공헌 등 어떤 것이라도 상관없습니다. 비워야 새로운 것이 채워지고 그러한 순환 속에서 더불어 행복해지는 사회가 되는 것입니다.

3. 인생 2모작을 향해!

원하든 원하지 않든 나이가 차면 사회의 주류에서 비주류로 밀려납니다. 그렇다고 너무 억울해할 것은 없습니다. 꼭 사회의 중심축을 떠맡는 주류로 살아야만 인생이 빛나는 것은 아닙니다. 영화에 주연만 있다면 그 영화가 얼마나 재미없겠습니까. 영화를 주연보다 더 빛내는 조연이 있듯, 비주류 인생 역시 자기 자신과 사회를 위해 기여할 만한 부분이 상당히 많습니다.

지금까지 해오던 일을 떠나 새로운 일에 도전하는 것은 생각보다 쉽지 않습니다. 그렇지만 새로운 길에 더 큰 성공이 기다리고 있을지도 모릅니다. 자의든 타의든 새로운 도전에 나설 생각이라면 우선 자신의 앞뒤좌우 문제 및 상황을 살펴봐야 합니다.

새로운 길에 도전할 때는 몇 가지 유의할 사항이 있습니다.

첫째, 자신의 장점과 강점을 더욱 살려 나갑니다.

단점은 쳐다볼 필요조차 없습니다. 단점을 보완하려고 애쓰는 것은 시간낭비입니다. 장점과 강점에 집중하면 단점은 저절로 쪼그라들다가 결국 사라져버립니다. 되는 것, 잘하는 것, 가능한 것을 선택해 집중해야 합니다.

둘째, 자신의 재능을 더욱 키울 방법을 모색합니다.

'나, 아직 안 끝났어' 하는 자세가 필요합니다. 인생이란 끝날 때까지는 끝난 게 아닙니다. 나이와 경력, 실적에 상관없이 마음먹는 그 순간부터 무엇이든 새로 시작할 수 있습니다. 새로운 길을 전보다 훨씬 더 멋지게 가꿔 나가기 바랍니다.

셋째, 세상에 '내가 나아갈 길'은 많다는 것을 기억합니다.

스스로 한계를 긋지 않으면 가능성은 언제나 풍부합니다. 기회라는 것이 팔팔한 20대 청춘에게만 주어지는 건 아닙니다. 어느 나이가 되었든 기회는 공평하게 주어집니다. 스스로 벽을 쌓지 않는다면 말입니다. 아집, 편견, 낡은 사고의 틀에서 벗어나면 다양한 길이 활짝 열려 있음을 보게 될 것입니다.

새로운 길, 가보지 않은 길은 누구에게나 두렵고 낯설

게 마련입니다. 그래도 가야지요. 인생에 뒤로 가는 길은 없습니다. 과거는 부도난 수표이고 우리가 쓸 수 있는 현금은 현재입니다. 그러니 지금 이 자리에서 차곡차곡 새로운 인생을 쌓아가야 합니다.

과거에 대한 미련은 버리십시오. 길을 바꿨으면 그 길을 가는 방법도 바꿔야 합니다. 5년 후, 10년 후의 모습은 오늘 여러분의 선택에 달려 있습니다.

4. 'Give & Take'가 아닌 'Give & Forget'

웅덩이가 깊고 넓으면 물이 더 많이 고이고 고기도 많이 몰려듭니다. 마찬가지로 사람의 마음이 깊고 넓으면 주위에 사람이 많이 모입니다. 우리는 더러 사람 때문에 곤란을 겪기도 하지만 또 사람 덕분에 먹고삽니다. 그래서 인간관계를 잘 맺는 것이 무척 중요합니다.

타인의 마음을 얻고 좋은 인간관계를 맺으려면 자기 마음을 더욱 넓혀야 합니다. 이때 필요한 것이 '사랑'입니다. 사랑하는 마음이 있으면 포용력이 클 뿐 아니라 남을 이해하고 용서하는 데도 대범합니다. 그렇다고 성인군자가 되기 위해 도를 닦으라는 말은 아닙니다. 적어도 평균 이상은 되겠다는 마음자세로 노력하는 것이 중요합니다.

우리는 사람을 떠나서는 살 수 없습니다. 우리가 "사람이 가장 무섭다"는 말을 하면서도 사람을 떠나지 못하는 이유는 그래도 사람과 더불어 살아야 하기 때문입니다. 물론 우리는 그 '사람'으로부터 가장 많이 상처를 받지만 그렇다고 사람을 두려워하며 살 수는 없습니다. 우선 나부터 좋은 사람이 되겠다는 자세로 하나하나 바꿔 나가는 것은 어떨까요? 어차피 우리의 밥은 사람과의 관계 속에 둥둥 떠다니니까요.

특히 네트워커는 사람을 사랑하고 포용해야 합니다. 그것 하나만으로도 사업에서 성공할 확률을 90퍼센트 이상으로 높일 수 있습니다. 어쩌면 네트워크 마케팅 사업은 '사람'이 전부인지도 모릅니다. '나'도 아니고 '너'도 아닌 '우리'의 성공을 지향하니까요. 한마디로 '함께 가자'는 겁니다.

마음을 넓혀 타인을 포용하는 자세를 기르기에 좋은 습관이 '기도'입니다. 종교가 없어도 상관없습니다. 옛날 여인네들이 정화수를 떠놓고 마음을 다해 정성을 올렸듯, 내 마음이 우주에 가 닿을 정도로 정성을 기울여보는 겁니다. 나를 위해서가 아니라 남을 위해서 말입니다. 매일 아침 1분이라도 남을 위해 기도를 하면 자기 마음이 커지는 것을 스스로 느낄 수 있습니다.

사람들은 보통 자신이 다른 사람에게 베풀거나 준 것에 집착합니다. 그래서 “내가 너한테 어떻게 해줬는데”라는 말을 많이 합니다. 그런 태도나 마음자세는 인간관계를 해칩니다. 우리는 ‘기브 앤 테이크 (Give & Take)’를 단순히 ‘주고 받으라’는 뜻으로 이해하지만, 엄격히 말해 이것은 ‘받기를 원하면 먼저 주라’는 뜻입니다.

이보다 더 좋은 것은 ‘주고 잊어버리기(Give & Forget)’입니다. ‘나는 줬는데 쟤는 왜 안 주지?’ 하는 생각을 하면 관계에 금이 갈 가능성이 커집니다. 주변에 좋은 사람을 많이 두고 싶다면 주고 자신이 주었다는 사실을 잊어야 합니다. 이것이 말처럼 쉬운 일은 아닙니다. 그래서 노력이 필요하지만 그 보상은 엄청나게 큽니다.

5. 통(通)하면 다툴 일이 없다

세상에는 자기 생각을 억지로라도 상대방의 머릿속에 집어넣겠다고 애를 쓰는 사람이 참 많습니다. 열정 하나는 높이 살 만하지만 '나는 옳고 쟤는 틀렸다'는 식의 막무가내 커뮤니케이션은 고립을 낳습니다. 각자가 서로 다르다는 것을 인정하고 존중하면서 일치점을 찾아 나가면 될 텐데 왜 그렇게 무대포로 밀어대는지 모르겠습니다. 억지와 강요는 소통과 거리가 멉니다.

사람은 잘 변하지 않습니다. 비록 사회생활을 위해 어쩔 수 없이 겉으로는 머리를 끄덕일지라도 마음까지 끄덕이지는 않습니다. 그래서 필요한 것이 소통을 통한 조율입니다. 나도 어느 정도 양보를 하면서 상대의 양보를 이끌어내는 겁니다. 그것이 바른 길로 함께 나아가는 방법입니다.

커뮤니케이션에 능하다는 것은 말을 잘한다는 의미가

아닙니다. 서로 소통할 수 있도록 조율을 잘한다는 뜻입니다. 그러므로 주고받는다는 자세로 커뮤니케이션에 임해야 합니다. 일방적으로 내 의견을 주입하겠다는 자세는 피해야 합니다. 설득에서도 마찬가지입니다. 마음을 얻지 못하면 피상적인 설득에 그쳐버립니다. 마음을 얻기 위해서는 상대방에게도 뭔가 뜯어먹을 것을 주어야 합니다.

사람은 본래 이기적이라는 사실을 기억하십시오. 심지어 기부나 봉사도 '내 마음 편하자고' 하는 경우가 많습니다. 그러므로 통하는 커뮤니케이션을 하고자 한다면 배려의 정신을 앞세우는 것이 좋습니다. 다음은 '통하는 커뮤니케이션'을 위한 다섯 가지 주의점입니다.

첫째, 상대방의 입장에서 생각합니다. 세상 사람들의 다툼을 들여다보면 십중팔구는 상대방에 대한 충분한 이해 없이 자기주장만 펼치다가 일어납니다. 조금이라도 상대의 입장을 이해하려 애쓰면 다툴 확률은 현저하게 떨어질 것입니다.

둘째, 좋은 인상을 줍니다. 처음에 호감을 느끼면 조금 실수를 해도 그럭저럭 넘어가지만, 좋지 않은 인상을 주면 잘해도 좋게 봐주지 않습니다. 첫인상이 이후의 관계에 많은 영향을 미치므로 첫인상을 좋게 남기는 것은 매우 중요합니다.

셋째, 귀 기울여 경청합니다. 한마디로 잘 들어주는 사람이 성공합니다. 대화를 할 때는 7을 듣고 3을 말하겠다는 자세로 임하는 것이 좋습니다. 즉, 듣는 비율이 말하는 비율보다 두 배를 넘어야 합니다. 잘 들어야 상대를 알고, 상대를 알아야 커뮤니케이션을 내가 원하는 방향으로 이끌어갈 수 있습니다.

넷째, 한 번 만난 사람과 헤어진 후에는 팔로업(follow up)을 합니다. 관계를 이어가려면 만남 이후 전화나 이메일 등을 활용해 커뮤니케이션을 하는 것이 좋습니다. 한 번 만났어도 연락이 이어지지 않으면 관계가 소원해지게 마련입니다.

다섯째, 커뮤니케이션을 할 때 긍정적인 자세로 임합니다. 부정적인 사람을 좋아하는 사람은 거의 없습니다. 긍정 화법을 써야 좋은 인상을 남기고 또 긍정적인 결과를 얻을 수 있습니다. 긍정 화법이란 '아니오', '안 될 텐데요', '불가능합니다' 같은 말보다 '네', '잘될 겁니다', '가능합니다' 같은 말을 쓰는 것을 의미합니다.

세상 모든 일은 마음먹기에 달렸습니다. 적극적이고 긍정적인 자세로 '통하는 커뮤니케이션'을 실천한다면 보다 효율적인 인생이 펼쳐질 것입니다.

6. 목표에 맞는 '선택'과 '집중'

닥치는 대로 열심히만 하면 원하는 결과를 얻을까요? 그렇지 않습니다. 목표 없이 부산하게 움직이면 고되고 수고롭기만 할 뿐 도무지 진전이 보이지 않습니다. 여러 가지에 매달려 열심히 하는 사람은 하나를 선택해 집중하는 사람보다 성공 확률이 월등히 낮습니다.

그러므로 우선 인생 목표를 명확히 정해야 합니다. 목표가 분명해야 올바른 선택을 하고 거기에 집중할 수 있기 때문입니다. 인생 100세 시대로 불리는 오늘날, 베이비붐 세대는 어쩔 수 없이 자기사업을 해야 합니다. 마냥 놀면서 살 수도 없고 언제까지나 취업을 할 수 있다는 보장도 없으니까요. 더구나 여러분은 인생 전반기가 아닌 후반기를 살고 있습니다. 따라서 간을 보듯 이것저것 찔러보며 도전하는 게 아니라 묵직하게 자기 길을 가야 합니다. 이미 간보기는 인생 전반기에 충분히 했을 겁니다. 그런 의미에서 선택과 집중은 지금 여러분의 인생에서 그 어느 때보다 중요합니다.

돈을 투자할 때는 '계란을 한 바구니에 담지 말라'는 조언에 따르는 것이 바람직합니다. 그러나 인생 후반기에 일을 선택할 때는 '한 우물을 파라'는 조언에 귀를 기울이는 것이 좋습니다. 여러분이 그간 쌓아온 경험에 따른 통찰력, 사람을 보는 눈, 노련함으로 네트워크 마케팅 사업에 집중한다면 분명 좋은 결실을 맺을 수 있을 것입니다.

인생 후반기에 일을 선택할 때 가장 염두에 둬야 하는 게 뭘까요? 아무래도 리스크 관리일 것입니다. 위험부담이 높으면 젊은 시절에도 도전하기가 어렵습니다. 하물며 인생 후반기를 살아가는 여러분이 새로운 일에 도전하면서 위험을 떠안는 것은 몹시 위태로운 일입니다. 인생을 내던져야 할 수도 있으니까요.

네트워크 마케팅은 자기사업이면서도 위험부담이 거의 없습니다. 3無, 즉 출퇴근을 해야 하는 것도 아니고 대단한 사업자금이 들어가는 것도 아닙니다. 또 종업원이 없으므로 고정비용이 들어가지도 않습니다. 어디 그뿐입니까? 점포 임대료도 낼 일이 없고 상사의 눈치를 볼 것도 없습니다.

무엇보다! 은퇴할 필요가 없습니다. 내가 그만두고 싶어서 그만둘 때까지 나가라고 하는 사람이 없습니다. 몸이 불편하면 쉬엄쉬엄 쉬어가면서 일을 해도 무방합니다. 더구나 사업을 하면서 많은 사람을 만나므로 외롭고 적적할 틈이 없습니다.

이 정도만 해도 마음이 솔깃할 테지만 하나만 더 강조하겠습니다. 정통 네트워크 마케팅 회사가 취급하는 제품은 품질이 아주 훌륭합니다. 인생 후반기에 가장 신경 써야 할 것이 건강인데, 네트워커로 일하면 좋은 제품을 값싸게 애용해 건강을 챙기면서 일할 수 있습니다.

네트워크 마케팅 사업을 선택해 집중하십시오. 크게 욕심 부리지 않고 장기적으로 안정적인 노후를 꿈꾸면서 사업에 집중한다면 여러분은 분명 네트워크 마케팅 사업에서 기대하는 결과를 얻을 것입니다.

7. 독서, 인생의 자양분

우리 몸은 밥만으로 성장하지 않습니다. 가장 중요한 뇌가 성장하려면 뇌를 성장시키는 자양분을 섭취해야 합니다. 우리는 밥으로 몸을 살찌우듯 독서로 뇌를 살찌워야 합니다. 뇌가 성숙하지 않으면 우리 인생은 결코 행복할 수 없습니다. '허우대는 멀쩡한데 머리가 딸린다'는 말을 듣고 싶습니까? 아닐 겁니다. 그러니 독서로 뇌가 필요로 하는 자양분을 섭취하십시오.

독서는 자기 분야에 대한 전문성을 극대화한다는 측면에서도 매우 중요합니다. 자기 분야에서 최고가 되는 데 독서만큼 더 강력하게 지원해주는 요소도 없습니다. '책을 읽으면 길이 보인다'는 말이 있을 정도입니다.

독서는 세상의 이치를 깨우치게 해줍니다. 책 속에 옛 선현들의 지혜로운 삶과 철학이 그대로 녹아 있기 때문입니다. 그들의 삶을 본받으면 훌륭한 인격을 갖출 수 있습니다. 인격을 갖춘 사람은 세상을 바르게 보고 남을 대할 때 균형감각을 발휘합니다. 또 일을 합리적이고 효율적으로 처리합니다. 이는 독서로 기른 이해력, 포용력 덕분입니다.

그렇다고 독서에 대한 강박관념으로 인해 스트레스를 받을 필요는 없습니다. 자신에게 맞는 독서량을 정해 꾸준히 읽는 것으로도 족합니다. 시간이 흐르면 그것이 저절로 여러분의 경쟁력을 높여줄 것입니다. 세계적인 미래학자 앨빈 토플러는 『부의 미래』에서 "리더가 되려는 사람은 꾸준히 책을 읽어야 한다"고 강조했습니다. 중요한 것은 다음의 경고입니다.

"6개월 전에 알게 된 지식으로 아랫사람을 이끌려는 우를 범하지 말라."

6개월이 아니라 언제 배웠는지도 모르는 오래 전의 지식을 우려먹고 또 우려먹는 우리에게 이는 매우 충격적인 경고입니다. 뒷골이 당길지도 모르지만 토플러는 6개월 전에 알게 된 지식은 이미 쓰레기 같은 지식일 가능성이 크다고 말합니다. 그만큼 세상이 빠르게 돌아가고 있기 때문입니다. 그러니 좋은 리더가 되려면 끊임없이 새로운 지식을 접하고 습득하려 노력할 수밖에 없습니다.

리더가 될 일이 없다고요? 여러분은 이미 인생의 리더입니다. 그리고 네트워크 마케팅 사업에서는 누구나 리더가 될 수 있습니다. 처음 시작할 때는 여러분이 리더를 복제하지만, 시간이 지나면 여러분이 리더가 되고 다른 사람이 여러분을 복제합니다.

여기에 간단하게 **독서 가이드라인**을 제시해보겠습니다. 지나친 부담은 갖지 않되 최선을 다해 지키려 애를 쓴다면, 최소한 '퇴물'이나 '꼰대' 소리는 듣지 않을 것입니다.

● 매달 4권 정도의 책을 읽습니다.

굳이 정독하지 않아도 됩니다. 독서의 목적은 의무적으로 꼼꼼히 읽는 데 있는 것이 아니라, 나에게 필요한 정보를 캐내는 데 있습니다. 글자 하나하나를 헤아리듯 꼼꼼하게 읽지 않아도 괜찮습니다.

● 다양한 분야의 책을 골라서 읽습니다.

지나치게 전문서적에만 빠져 있으면 폭넓은 사고와 판단력이 결여되기 십상입니다. 지식의 통섭은 지금 이 시간에도 활발하게 이뤄지고 있습니다. 모든 분야가 연결되고 있다는 얘기입니다. 굳이 분야를 가리지 말고 마음이 끌리는 책을 읽으십시오.

● 마음에 드는 문장에 밑줄을 긋습니다.

나중에 한 번 더 그 책을 볼 때는 밑줄 그은 부분만 읽어도 좋습니다. 책에서 얻은 좋은 지식 및 지혜는 어떤 결정을 하거나 실행을 할 때 중요한 참고사항이 될 수 있습니다.

● 책을 써보겠다는 자세로 독서를 합니다.

'나도 책을 써봐야지' 하는 자세로 책을 읽으면 내용에 더욱 집중할 수 있습니다. 또한 좋은 문장을 모방하고 싶은 마음에 메모를 하게 됩니다. 창조는 모방 단계를 거치면서 나오는 것이므로 모방을 껄끄럽게 생각할 필요는 없습니다.

● 책에서 보고 느낀 것을 실천합니다.

머릿속에 아무리 많은 지식을 쌓아도 그것을 몸으로 실

천하지 않으면 달라지는 것은 아무것도 없습니다. 지금 여러분 곁에 있는 사람의 머릿속에 지식이 얼마나 쌓여 있는지 눈에 보입니까? 보이지 않을 겁니다. 마찬가지로 여러분의 머릿속에 들어 있는 지식은 행동으로 나와야만 남들이 알아줍니다. 인풋(input) 못지않게 중요한 것이 아웃풋(output)입니다. 머릿속에 넣었으면 행동으로 표출하십시오.

8. 결국 '사람'이다

진저리가 나서 멀리 떨어지고 싶다가도 다시 그리워지는 게 '사람'입니다. <캐스트 어웨이>라는 영화에서 비행기 사고로 무인도에 홀로 남은 주인공은 사람을 몹시 그리워합니다. 그는 축구공에 얼굴 형상을 그려 넣고 윌슨이라 부르며 대화를 하지요. 물론 그건 자기 자신과의 대화입니다. 그만큼 사람과 멀어지면 사람이 그리워지는 겁니다. 차라리 '있을 때 잘하라'는 말을 상기하는 게 어떨까요?

일상생활 속에서 만나는 다양한 사람들과 관계를 지속적으로 유지 및 발전시켜 나가는 것을 '휴먼 네트워킹'이라고 합니다. 휴먼 네트워킹을 잘하면 사람들과의 관계가 좋아져 원하는 삶을 살아가는 데 도움이 됩니다.

사회생활에서 인적자원은 가장 중요한 자산입니다. 사람이 모든 걸 이루게 해준다고 해도 과언이 아니지요. 이러한 인적자원을 잘 네트워킹하면 최소 비용으로 최대 효과를 낼 수 있습니다. 다른 것에 투자하는 시간이나 비용보다 상대적으로 경제적이라는 의미입니다. 가령 경제적으로 넉넉하지 않아도 사람을 성실하게 관리할 경우 인간관계 덕분에 최소 비용으로 최대 효과를 낼 수 있습니다. 흥미로운 사실은 누구나 노력하면 인적자원을 네트워킹할 수 있다는 사실입니다.

휴먼 네트워킹이 그처럼 중요하다면 그것을 **효과적으로 해낼 원칙과 전략**이 있어야 하지 않을까요? 물론이지요. 먼저 휴먼 네트워킹의 '원칙'을 간단하게 짚어보겠습니다.

휴먼 네트워킹 '원칙'

- 상대를 위해 무엇을 해줄 수 있는가를 늘 연구합니다.
- 약속은 반드시 지킵니다.
- 항상 자신감 있고 당당하게 행동합니다.
- 많이 듣고 적게 말합니다.
- 나를 차별화해서 깊은 인상을 남깁니다.

다음은 절제된 '전략'입니다.

휴먼 네트워킹 '전략'

- 용기를 내 접촉합니다.
- 기회가 있을 때마다 접촉합니다.
- 관계를 관리하는 시스템을 마련합니다.
- 좋은 이미지를 주기 위해 노력합니다.
- 커뮤니케이션 스킬을 익힙니다.

지금 선택한 일에서 성공하고 싶습니까? 이 질문에 대한 대답이 '네'라면 휴먼 네트워킹에 힘쓰십시오. 어떻게 하면 휴먼 네트워킹을 잘할 수 있을지 궁금합니까? 가장 권하고 싶은 방법은 매일 세 통의 편지를 쓰는 것입니다. 이메일도 상관없습니다.

휴먼 네트워킹은 가장 적은 비용으로 가장 큰 효과를 내는 성공 비결입니다. 의심이 가더라도 일단 실천해보십시오. 해보고 난 뒤에 그 실효성을 판단해도 결코 늦지 않습니다.

9. 바른 행동을 습관화한다

물방울이 바위를 어떻게 뚫습니까? 방법은 딱 하나, 매일 똑똑똑 떨어지는 겁니다. 십 년이고 백 년이고 한결같이 말입니다. 그렇게 뭔가가 자동적으로 튀어나오도록 몸에 익히는 것이 습관화입니다. 그렇다면 어떤 것을 몸에 익혀 습관적으로 튀어나오도록 해야 할까요? 당연히 바른 행동입니다. 바른 행동이 몸에 배어야 성공합니다. 많은 사람이 굳게 결심하고 시작한 일을 도중에 포기하는 것은 습관화에 실패해서 그렇습니다.

사실 결심을 다지고 또 다지는 것도 습관입니다. 우리의 마음은 물렁하기 때문에 시간이 지나면 허술해집니다. '작심삼일'이라는 말이 있는 걸 보면 옛날에는 마음먹은 것이 최소한 3일은 간 모양입니다. 지금은 3일도 못 갑니다. 그러니 자신의 결심이 얼마나 지속되는지 파악해 계속해서 결심을 다지는 습관을 들여야 합니다.

운동선수가 매일, 끊임없이 구슬땀을 흘려가며 반복 훈련을 하는 이유는 무엇일까요? 동작 하나하나를 습관화하기 위해서입니다. 눈을 감고 공을 던져도 거의 같은 자리에 떨어지게 하는 것이 습관화의 힘입니다.

우리에게는 이미 많은 습관이 있습니다. 그건 누가 시키지 않아도 알아서 잘 챙깁니다. 하루 밥 세 끼! 애써 강요하지 않아도 잘 먹습니다. 바지를 입을 때 항상 오른쪽 다리부터 넣는 것! 그것도 습관적으로 알아서 합니다. 칫솔질을 늘 오른손으로 하는 것! 그냥 자동적으로 나옵니다. 심지어 볼일을 보고 화장지를 쓸 때도 언제나 같은 쪽 손을 사용합니다.

마찬가지로 애쓰지 않아도 자동적으로 튀어나오도록 좋은 행동을 습관화하면 성공하지 않으려고 기를 써도 성공할 수밖에 없습니다. 그렇다면 나쁜 습관은 어떨까요? 그걸 내던지지 않으면 결과는 항상 나쁜 쪽으로 흐르게 됩니다. 콩 심었는데 팥이 자라지는 않으니까요.

습관화는 자기와의 끝없는 싸움입니다. 우리의 내면에는 긍정적 자아와 부정적 자아가 존재하는데, 성공하는 사람들의 내면에서는 긍정적 자아가 부정적 자아를 따끔하게 혼내줍니다. 반면 실패하는 사람들의 내면에서는 부정적 자아가 긍정적 자아를 구석으로 내던집니다.

부정적 자아는 달콤하게 속삭입니다.

'좀 쉬었다 하지 뭐', '내일 해도 상관없어', '한 번쯤은 빼먹어도 괜찮아', '새털 같이 많은 날이 있는데 뭐가 급해'

정말 그럴싸한 꼬드김입니다. 넘어가지 마십시오. 자신과의 싸움에서 이기려면 늘 긍정적인 생각을 하고, 하겠다고 결심한 일은 반드시 실행해서 습관화해야 합니다. 매일 달리기를 하다가 어느 날 하루 운동을 빼먹으면 몸이 찌뿌드드해서 비가 내려도 달리게 되는 것처럼 말입니다.

스스로 마음을 다잡고 외쳐보십시오.

"나는 할 수 있다. 나는 성공한다!"

10. 이왕이면 최고가 되자

'최고가 되기보다 최선을 다하는 사람이 되자'는 말이 있습니다. 근데 좀 의아합니다. 사실 우리는 최고가 되기 위해 최선을 다하는 것이 아닙니까? 최고가 되면 얼마나 좋습니까. 어차피 노력하는 것은 마찬가지인데 이왕이면 최고가 되는 게 좋지 않을까요?

인생이란 게 늘 생각대로 풀려 나가는 것은 아니지만, 최선을 다해 최고가 되면 자기 소신을 펼쳐 보일 기회가 많습니다. 기업경영에 관심이 많은 사람은 아마 이런 말을 들어봤을 겁니다.

"열 명의 부사장이 한 명의 사장을 이기지 못한다."

사실입니다. 그것이 최고의사결정권자의 권한이자 멋입니다. 하지만 각 분야에서 최고의 자리는 대개 하나뿐입니다. 누구나 최고가 되고 싶어 하지만 그럴 기회조차 누리지 못하는 것이 현실입니다. 스포츠에서도 선수들은 모두 최선을 다하지만 금메달은 한 명에게 돌아갑니다.

단 한 분야, 네트워크 마케팅에서는 모든 네트워커가 최고가 될 수 있습니다. 처음부터 기회가 균등하게 주어지고 땀 흘린 만큼 대가가 공평하게 돌아가기 때문입니다. 물론 게으르고 적당주의에 물든 사람들은 공평한 기회를 두려워합니다. 공평하지 않아야 남의 노력에 묻어갈 수 있기 때문입니다. 반면 진정 노력할 의지가 있고 아무 조건 없이 균등하게 주어지는 기회를 목마르게 갈구하는 사람에게는 네트워크 마케팅이 해답입니다.

정통 네트워크 마케팅 회사는 세상을 널리 이롭게 하겠다는 기업철학 아래 사람을 중심에 놓고 사업을 합니다. 무엇을 하든 사람이 최우선순위입니다. 그래서 땀방울의 가치를 중요시하는 사람들이 네트워크 마케팅 사업이 주는 기회에 누구보다 깊이 고마워합니다. 그들은 진정 최선을 다해 최고가 되고자 합니다.

세 가지만 활짝 열고 새로운 기회를 맞이하십시오.

마음! 눈! 귀!

아직 기회가 기회임을 알아보지 못하는 사람이 많으면

기회의 문이 넓지만, 이미 많은 사람이 그게 기회임을 알아보면 기회의 문은 좁아집니다. 기회의 문이 넓을 때 선뜻 들어서십시오.

베이비붐 세대, 3無 사업 창업하기

1판 1쇄 찍음 2013년 12월 23일
1판 2쇄 펴냄 2014년 4월 14일

지 은 이 이영권
펴 낸 이 배동선
마케팅부/최진균, 서설
총무부/양상은
펴 낸 곳 아름다운사회
출판등록 2008년 1월 15일
등록번호 제2008-1738호
주　　소 서울시 강동구 성내동 446-23 덕양빌딩 202호 (우: 134-033)
대표전화 (02)479-0023
팩　　스 (02)479-0537
E-mail assabooks@naver.com

ISBN : 978-89-5793-180-6 03320

값 6,500원

잘못된 책은 교환해 드립니다.